ANCIENNES FAIENCES

HISPANO-MAURESQUES

ITALIENNES

DE RHODES ET FRANÇAISES

OBJETS VARIÉS

EXPOSITION PUBLIQUE

Le Lundi 10 Novembre 1879

COMMISSAIRE-PRISEUR

M° Charles PILLET

10, rue de la Grange-Batelière.

EXPERT

M° Charles MANNHEIM

7, rue Saint-Georges.

CATALOGUE

DES

ANCIENNES FAÏENCES

Hispano-Mauresques, Italiennes, de Rhodes, de Marseille, de Moustiers,

de Strasbourg et autres;

Grande et belle fontaine-applique en forme de Vase;

Quelques porcelaines de la Chine et du Japon; Statuettes en terre cuite; Bronzes;

OBJETS VARIÉS

DONT LA VENTE AURA LIEU

HOTEL DROUOT, SALLE N° 3

Le Mardi 11 Novembre 1879

A DEUX HEURES

Par le ministère de M° **CH. PILLET**, Commissaire-Priseur,
10, rue de la Grange-Batelière,

Assisté de **M. CH. MANNHEIM**, Expert, 7, rue Saint-Georges,

Chez lesquels se trouve le présent Catalogue.

EXPOSITION PUBLIQUE : le Lundi 10 Novembre 1879
de une heure à cinq heures.

CONDITIONS DE LA VENTE

Elle sera faite au comptant.

Les adjudicataires payeront *cinq pour cent* en sus des enchères.

L'exposition mettant le public à même de se rendre compte de l'état des objets, il ne sera admis aucune réclamation une fois l'adjudication prononcée.

Paris. — Typ. PILLET et DUMOULIN, 5, rue des Grands-Augustins.

DÉSIGNATION DES OBJETS

FAIENCES HISPANO-MAURESQUES

ET ITALIENNES

1 — Fabrique hispano-mauresque. — Grand et beau Plat rond, à côtes en spirale, à riche décor d'ornements à reflets métalliques cuivreux. Au centre un écusson armorié.

2 — Même fabrique. — Plat rond, à fond blanc, à décor à reflets métalliques bleu nacré et mordorés, et quadrillages rehaussés de bleu.

3 — Même fabrique. — Plat rond, à côtes en spirale au marli et décor à reflets métalliques mordorés composé d'ornements et de simulacres d'inscriptions.

4 — Même fabrique. — Plat rond et creux, à décor de même style. Le bord est également orné de côtes en spirale.

5-10 — Même fabrique. — Six Plats à décor à reflets métalliques. Ils seront vendus séparément.

11 — Même fabrique. — Joli petit Vase à col évasé et à quatre anses, à riche décor, à reflets métalliques rouge cuivreux rehaussé de bleu.

12 — Même fabrique. — Deux Plats ronds, décor à reflets cuivreux.

13 — Même fabrique. — Deux autres Plats, à décor à reflets métalliques.

14 — Fabrique de Faënza. — Petit Vase ovoïde, décoré d'ornements et d'une couronne de lauriers sur fond bleu empois.

15 — Fabrique de Savone. — Plat rond, à ornements gaufrés en relief, décor bleu à personnages. Monture en bois.

16 — Fabrique de Castelli. — Deux tableaux rectangulaires représentant des sujets bibliques. Cadres en bois sculpté et doré.

17 — Fabrique italienne. — Deux plats à décor bleu, l'un d'eux décoré d'une figure équestre de saint Georges.

18 — Fabriques italiennes. — Trois plats de diverses fabriques et de décors variés.

19 — Fabrique de Castelli. — Deux cornets décorés chacun d'une figure debout.

20 — **Fabrique italienne.** — Plateau rond décoré de monuments en ruines.

21 — **Fabrique de Milan.** — Plat long, décor polychrome à fleurs.

22 — **Fabrique espagnole.** — Plat rond, décoré d'armoiries et d'oiseaux, et portant le nom Sᵃ Térésa.

FAÏENCES DE RHODES

23 — Joli plat rond en ancienne faïence de Rhodes, à décor de fleurs et d'ornements émaillés en couleurs.

24 — Plat analogue à celui qui précède.

25-36 — Douze autres plats en ancienne faïence de Rhodes, à décors variés. Ils seront vendus séparément.

37 — Six soucoupes de même faïence, décorées chacune d'un personnage.

38 — Plat rond, à décor à entrelacs et ornements émaillés en couleurs.

FAIENCES DE MARSEILLE

39. — Grande et très intéressante fontaine-applique en forme de vase à couvercle, ornée de festons de fleurs, de mascarons et d'ornements rocaille en relief et réservés en blanc. Le fond est décoré de bandes verticales renfermant des rinceaux feuillagés exécutés en camaïeu bleu. Pièce rare. Haut., 1 m. Larg., 55 cent.

40 — Plat rond à bords festonnés, à coquilles et feuilles en relief et en creux, décor bleu, à personnage au centre. (De Saint-Jean du Désert). Monture en bois.

41 — Plat rond, à décor bleu et manganèse à armoiries, fleurs et ornements. (De St-Jean du Désert). Monture en bois.

42 — Joli seau à rafraichir, à double médaillon de paysages, avec figures reliées par des festons de fleurs. Belle qualité.

43 — Jolie jardinière-applique de forme contournée, à ornements découpés à jour et décor polychrome à fleurs.

44 — Soupière ovale, décorée de fleurettes polychromes. Le couvercle est surmonté de branches de fleurs.

45 — Soupière ronde, à deux anses, à bouquets de fleurs gaufrés en relief et décorés en couleurs.

46 — Verrière pouvant former jardinière, décorée de fleurs en camaïeu vert.

47 — Trois assiettes décorées de fleurs et d'insectes en camaïeu vert.

48 — Deux petites jardinières-appliques variées de décors.

49 — Soupière oblongue avec couvercle, en ancienne faïence du Midi, décor polychrome à fleurs. Les anses et le bouton du couvercle sont formés de fruits.

50 — Sucrier oblong, en ancienne faïence d'Aprey, à décor bleu sur fond jaune.

51 — Ecuelle à couvercle de même qualité.

FAIENCES DE MOUSTIERS

52 — Grand surtout de table formé d'un plateau oblong à quatre pieds, ces derniers servant de supports à quatre branches porte-lumières. Au centre est une coupe allongée à quatre pieds ornés de cariatides servant également de supports à quatre branches porte-lumières. Cette pièce est couverte de jetés de fleurs en camaïeu jaune d'ocre. — Long., 66 cent.; Larg., 47 cent.

53 — Petit plateau rond à lobes, décor polychrome à paysage et personnages Louis XV au centre et ornements au bord. Monture en bois.

54 — Grand et beau surtout de table oblong à quatre pieds
ornés, couvert d'un riche décor en bleu, dans le goût
de Berain. — Long., 66 cent.; Larg., 47 cent.

55 — Plat oblong et creux à contours, décor bleu dans le
goût de Berain. Au centre, le triomphe de Neptune.
Monture en bois.

56 — Plat de même forme et de décor analogue. Au centre,
Apollon assis. Monture en bois.

57 — Plat de même décor que celui qui précède. Celui-ci
est ovale et son bord est godronné. Monture en bois.

58 — Plat oblong à contours, décor bleu à figures et fleurs
de style chinois. Monture en bois.

59 — Grand plat rond ; le marli est décoré d'ornements
dans le goût de Berain, en bleu.

60 — Plat rond à bords festonnés, décoré au centre de
fleurs polychromes et au bord d'ornements bleus.

61-64 — Six petits plats oblongs à décors variés bleu et
polychrome, dont deux dans le goût de Callot.

65 — Plat long et deux assiettes décor polychrome à
larges fleurs.

66 — Trois cuvettes oblongues, décor polychrome à fleurs.

67 — Douze assiettes à bords festonnés, décor polychrome à fleurs.

68 — Deux jolies assiettes à médaillons, sujets mythologiques polychromes et guirlandes de fleurs au bord, en camaïeu jaune orangé.

69 — Assiette, décor polychrome, sujet mythologique au centre et guirlandes de fleurs au pourtour.

70 — Trois assiettes décorées de fleurs et d'oiseaux dans le goût de Callot.

71 — Petit plat à bords festonnés, décor polychrome à guirlandes de fleurs, ornements et paysage.

72 — Fontaine applique en forme de vase, à guirlandes de lauriers en relief et décor polychrome à fleurs. Le couvercle est moderne.

73 — Cinq assiettes à décor d'arbustes et personnages dans le goût de Callot, en bleu.

74 — Petite jardinière de suspension en forme de console, décor polychrome dans le goût de Berain.

75 — Pot à eau à décor dans le goût de Berain, en camaïeu bleu.

76 — Bassin de forme oblongue, décor polychrome dans le goût de Berain.

77 — Vase plat à anse et goulot couvert d'un philtre, décor polychrome à fleurs.

78 — Porte-huilier à anses mascarons saillants, ornements découpés et décor de fleurettes polychromes.

79 — Porte-huilier oblong à décor bleu.

80 — Sucrier oblong sur plateau adhérent, décor polychrome à couronnes de fleurs.

81 — Écuelle à anses plates, à décor bleu.

82 — Quatre couvercles de soupières, décor polychrome à fleurs.

FAIENCES DE STRASBOURG

83 — Deux plats ronds, décor polychrome à fleurs.

84 — Neuf assiettes, décor polychrome à fleurs variées.

85 — Quatre assiettes, décor polychrome à paysages et personnages.

86 — Pot à eau, décor polychrome à fleurs.

87 — Soupière ronde à côtes, décor polychrome à fleurs.

FAIENCES DIVERSES

88 — Curieuse terrine oblongue à couvercle, en ancienne faïence du Midi émaillée jaune. Elle offre dans toutes ses parties et en relief, des fleurs de lys, des croissants et des ornements quadrillés. Cette pièce a été découverte dans des fouilles faites à Marseille lors du percement de la rue Impériale, aujourd'hui rue de la République.

89 — Assiette en ancienne faïence de Rouen, décor polychrome à fleurs et volatiles.

90 — Plat de même faïence, décor à la corne.

91 — Vase attrape en faïence espagnole à oiseaux en ronde bosse et décor bleu.

92 — Vase à couvercle de même faïence, décor bleu et jaune.

93 — Grande écritoire en faïence espagnole, à décor bleu et manganèse. Cette pièce est accompagnée de deux petits vases.

94 — Autre écritoire en faïence espagnole avec inscription.

95 — Plat ovale à salières, imitation de Palissy, orné de cornes d'abondance.

PORCELAINES DE LA CHINE

ET DU JAPON

96 — Très joli plat rond en ancienne porcelaine de Chine, fond bleu fouetté rehaussé d'or à médaillon et compartiments de paysages décorés en émaux de la famille verte. Monture en bois.

97 — Plat rond en ancienne porcelaine de Chine, décoré en émaux de la famille verte, à oiseaux, animaux et fleurs au fond et sur le marli. Monture en bois.

98 — Deux plats et une assiette en ancienne porcelaine de l'Inde à bords à jour et décor de fleurs.

99 — Quatre assiettes en ancienne porcelaine du Japon à décor varié.

100 — Deux petites coupes rondes en ancienne porcelaine craquelée gris de la Chine.

101 — Compotier rond en vieux Japon à décor bleu.

102 — Plat rond en porcelaine moderne du Japon, à décor polychrome rayonnant, à fleurs et ornements.

103 — Tasse à deux anses, avec couvercle et plateau en ancienne porcelaine de l'Inde, à fleurettes en relief et décor de fleurs.

OBJETS VARIÉS

104 — Calice du xvᵉ siècle en cuivre doré; le nœud est orné de nielles représentant des bustes de saints personnages.

105 — Groupe en bronze. Hercule étouffant Antée.

106 — Gladiateur en bronze d'après l'antique, sur socle rectangulaire.

107 — Reproduction d'un établissement des colonies où se trouve une mine d'argent. Les figurines de ce groupe sont en argent.

108 — Statuette en terre cuite. — Flore d'après Carpaux.

109 — Lampe d'église en cuivre repoussé et argenté.

110 — Applique en cuivre jaune repoussé, décorée de fleurs et de fruits avec branche porte-lumière.

111 — Statuette en terre cuite d'après Pigalle. — Enfant portant des raisins dans sa chemise relevée.

112 — Statuette en terre cuite par **A. Carrier**. — La toilette.

113 — Statuette en terre cuite. — Jeune femme nue tenant une colombe.

114 — **Deux** plaques carrées en émail de Limoges, représentant l'une le Christ et la Samaritaine, l'autre la descente de croix. xvi siècle.

115 — **Petit** buste de philosophe grec en bronze sur socle en griotte.

116-119 — Huit petits groupes japonais en ivoire sculpté. Le lot sera divisé.

120 — **Deux** petits lustres hollandais en cuivre poli à douze lumières chacun.

MEUBLES

121 — Grande armoire à deux portes en bois sculpté, garnie d'ornements en fer découpé.

122 — Table turque de forme hexagone plaquée d'écaille et de nacre.

123 — Montre plate en bois noir sur une table Louis **XVI** en bois sculpté et doré, à mascaron et guirlandes.